AF274998

Emilio Gallego y Jesús Gallego (Gallego Bros) llevan haciendo dibujos animados desde hace más de veinte años. Han creado series para TV como *Shuriken School, Pirata & Capitano* o *Els Zurf*, entre otras. También realizan cortometrajes de animación, dibujan cómics e ilustran libros infantiles y juveniles.

Ciencia perruna & Curiosidad gatuna
Una idea de Shackleton Kids
DINOSAURIOS. Todo lo que siempre quisiste saber sobre los dinosaurios y solo Luis M. Chiappe te puede explicar

© Shackleton Books, S. L.

© de los textos, Luis M. Chiappe

© de las ilustraciones, Gallego Bros

Primera edición en Shackleton Kids, octubre de 2025

Shackleton Kids es el sello infantil de la editorial Shackleton Books, S. L.

Realización editorial:
Bonalletra Alcompas, S. L.

Diseño de cubierta:
Pau Taverna

Diseño de la colección y maquetación:
Elisenda Nogué

© Fotografías: Las fotos que aparecen en este libro son cortesía de L. M. Chiappe y del Natural History Museum of Los Angeles County. A excepción de las siguientes: Eric Isselee/Shutterstock.com (p. 15); Ton Ponchai/Shutterstock.com (p. 33).

ISBN: 978-84-1361-417-5
DL: B 16490-2025

Impresión:
Macrolibros (España).

PEFC
PEFC/14-38-00230
PEFC Certified
www.pefc.org

DINOSAURIOS

Todo lo que siempre quisiste saber sobre los dinosaurios
y solo Luis M. Chiappe te puede explicar

Un hueso enterrado

Es una mañana soleada, y Perro y Gato están paseando por la montaña. Perro saca un **HUESO** de la mochila.

—¡Venga, Gato, lánzame el hueso tan lejos como puedas! Ya verás que te lo traigo en un santiamén.

—Está bien…

Gato lanza el hueso. **FIU FIU FIU...**
Perro sale disparado a por él.

Perro llega hasta el hueso. ¡Está enterrado en el suelo!
—¡Sí que lo ha lanzado con fuerza!
Excava la tierra a su alrededor y lo intenta arrancar con sus dientes. ¡Está duro
como una **PIEDRA!**

—¿Buscas esto? —pregunta Gato.

—Si el hueso lo tienes tú, entonces ¿de quién es **ESTE HUESO?**

—Creo que es suyo —dice Gato.

—¡¡AHHHHHGGG!!… **¡¡UN DINOSAURIO!!**

—¡Veo que habéis encontrado a mi **ALLOSAURUS**!

—¿Y tú quién eres?

—Me llamo Luis M. Chiappe y soy experto en dinosaurios. Estamos en un **YACIMIENTO PALEONTOLÓGICO**, ¡lleno de huesos de estas criaturas!

—¿Y este esqueleto de dónde ha salido? ¿Ha muerto hace poco? ¿Todavía existen los dinosaurios?

¡Cuántas preguntas! Tranquilos, yo os lo cuento todo.

¡Este soy yo!

Soy paleontólogo y me dedico a estudiar los dinosaurios. Trabajo en un museo muy grande de Los Ángeles, donde dirijo un equipo de científicos.
He encontrado restos de dinosaurios en muchos lugares del mundo. Me encanta aprender sobre cómo vivían y descubrir cómo se convirtieron en aves. También escribo libros y doy charlas para contarle a todo el mundo lo increíbles que eran los dinosaurios.

Índice

¿Qué es un dinosaurio?

¿Lagartos o no lagartos? ¿Terribles o no terribles? ¡Esa es la cuestión!

Lagartos terribles

A principios del siglo XIX, en el sur de Inglaterra, se hallaron unos enormes huesos fósiles. Parecían de un grupo de reptiles no identificado hasta entonces. En 1842, el anatomista inglés Richard Owen decidió ponerles nombre: *Dinosauria*, que en griego antiguo significa 'lagartos terribles'. El término es divertido, aunque no del todo preciso...

ESTO ES UN IGUANODON.

En realidad, hubo dinosaurios no terrestres: los «avianos» volaban... ¡y siguen entre nosotros!

Cuestión de patas

Lo de 'terrible' depende del dinosaurio, pero lo de 'lagarto' no es correcto. Lo que caracterizaba a este grupo de reptiles era la forma de sus patas. En los lagartos (como, por ejemplo, un cocodrilo), salen del cuerpo hacia un costado y luego se doblan para llegar al suelo. En los dinosaurios, en cambio, iban rectas desde el cuerpo hasta el suelo, como en un elefante (o como pasa con tus piernas).

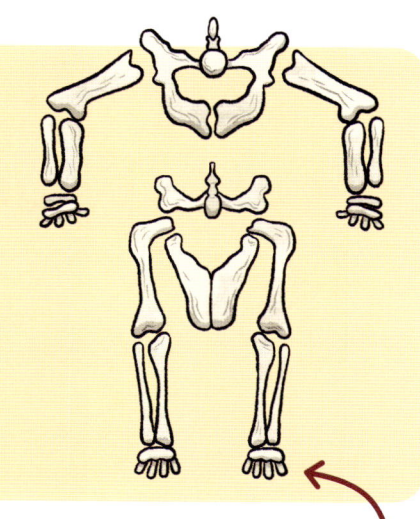

PATAS COMO COLUMNAS.

Test dinosáurico

Pero no solo la disposición de las patas es relevante a la hora de diferenciar los fósiles. Existen diversas características anatómicas que nos ayudan a establecer que unos restos son de un dinosaurio: la forma de algunos huesos en el cráneo, las extremidades, la pelvis, las vértebras…

Otras características

Los dinosaurios eran animales fundamentalmente terrestres. Además, en la actualidad, muchos científicos también creemos que, a diferencia de reptiles como las serpientes, los dinos no eran de sangre fría, sino de sangre caliente. Esto significa que podían controlar la temperatura corporal utilizando su metabolismo, como los mamíferos y las aves.

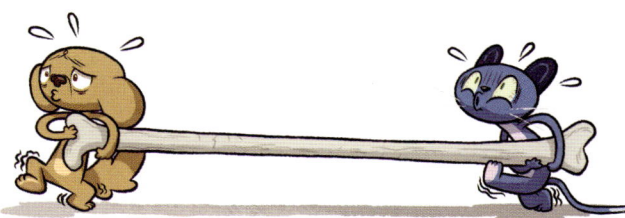

El origen de los dinosaurios

Descubre de dónde salieron los reyes del Mesozoico.

La escala geológica

La historia de la Tierra es tan larga que, para aclararnos, la dividimos en varias etapas, igual que hacemos con los días, meses y años. Las etapas más amplias son los eones, que abarcan muchos millones de años. Ahora estamos en el Fanerozoico. Cada eón está formado por varias eras: la era de los dinosaurios es el Mesozoico y la nuestra el Cenozoico. Y finalmente, tenemos los periodos, que son etapas más breves dentro de cada era.

LOS DINOSAURIOS VIVIERON EN LA ERA MESOZOICA, QUE COMPRENDE TRES PERIODOS: EL TRIÁSICO, EL JURÁSICO Y EL CRETÁCICO.

| 250 | 200 | 143 | 65 | 2,6 | 0 |

MESOZOICO		
TRIÁSICO	JURÁSICO	CRETÁCICO

Un inicio catastrófico

El Mesozoico empezó hace 250 millones de años, justo después de la llamada Gran Mortandad. Fue una extinción masiva que provocó la desaparición de 9 de cada 10 especies. La Gran Mortandad ha sido la mayor de las muchas extinciones que se han producido en la Tierra. Desaparecieron varias especies, pero aparecieron nuevas... ¡como los dinosaurios!

¿Y por qué se produjo la Gran Mortandad? Muy posiblemente por profundos cambios climáticos provocados por un ciclo de grandes erupciones volcánicas.

Nuevos invitados

Tras la gran extinción, los sistemas naturales de la Tierra se reestructuraron. Entre los reptiles que sobrevivieron, se abrieron paso nuevos grupos, como los fitosaurios (similares a los cocodrilos pero con una notable diferencia: tenían los orificios de la nariz lejos del hocico) o los aetosaurios (también con piel acorazada y una pequeña cabeza con un hocico parecido al de un cerdo).

COMO A LA MAYORÍA DE REPTILES, LAS PATAS LES SALEN HACIA LOS LADOS.

Se abre el telón dinosáurico

Los dinosaurios dieron sus primeros pasos hace unos 230 millones de años. Los primeros eran más bien pequeñitos, aunque ya contaban con los rasgos característicos típicos, como las patas que salen del tronco hacia el suelo y no hacia un lado.

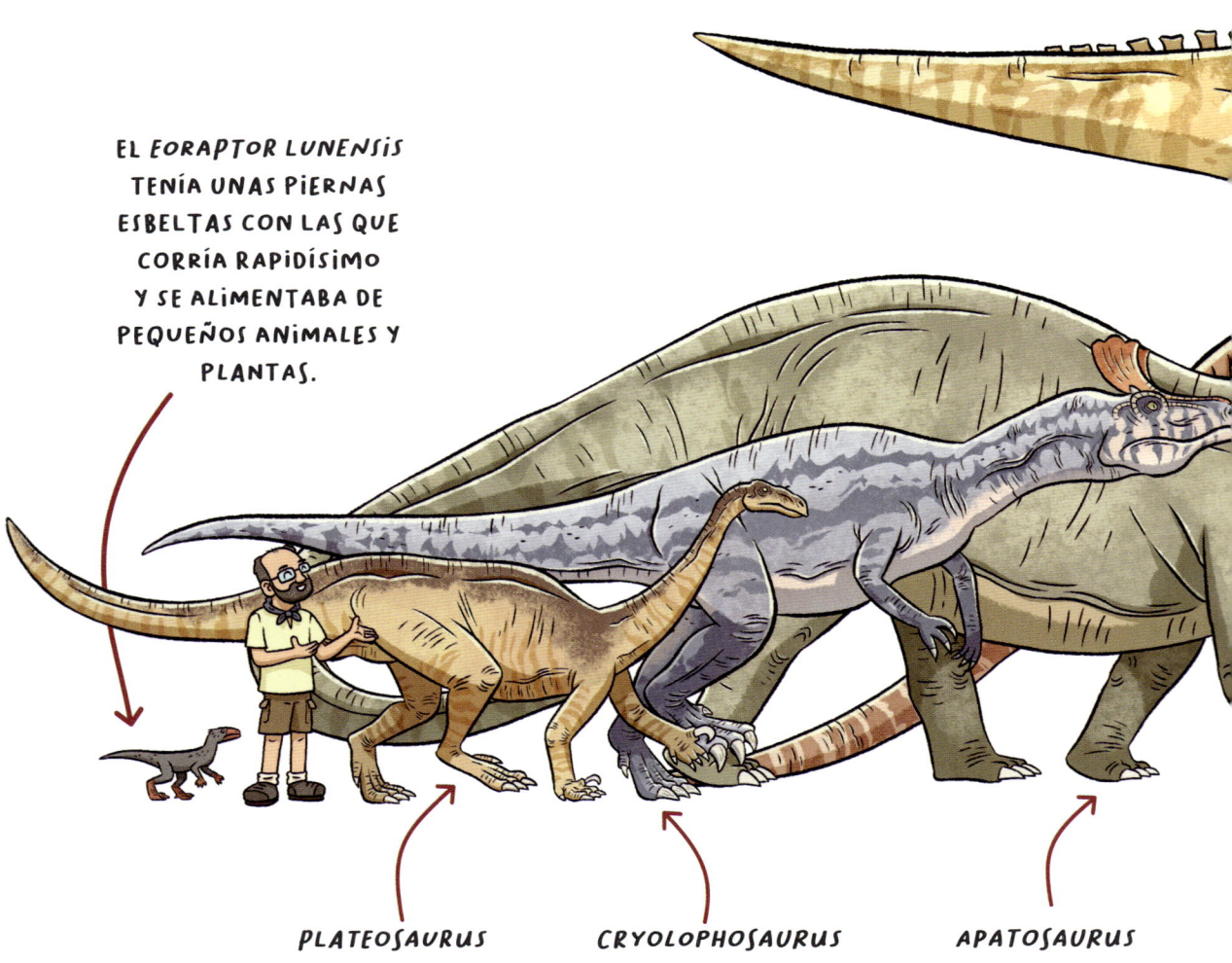

EL *EORAPTOR LUNENSIS* TENÍA UNAS PIERNAS ESBELTAS CON LAS QUE CORRÍA RAPIDÍSIMO Y SE ALIMENTABA DE PEQUEÑOS ANIMALES Y PLANTAS.

PLATEOSAURUS

CRYOLOPHOSAURUS

APATOSAURUS

Papel protagonista

Durante el Triásico, no había muchos tipos de dinosaurios. En el Jurásico, en cambio, empezaron a surgir dinos más variados y, entre ellos, los más famosos: los grandes. ¿Adivinas por qué evolucionaron? Pues porque hace unos 200 millones de años hubo otra extinción masiva. Aunque no fue tan salvaje como la Gran Mortandad, les despejó el camino, ya que en ella se extinguieron especies con quienes competían por los recursos.

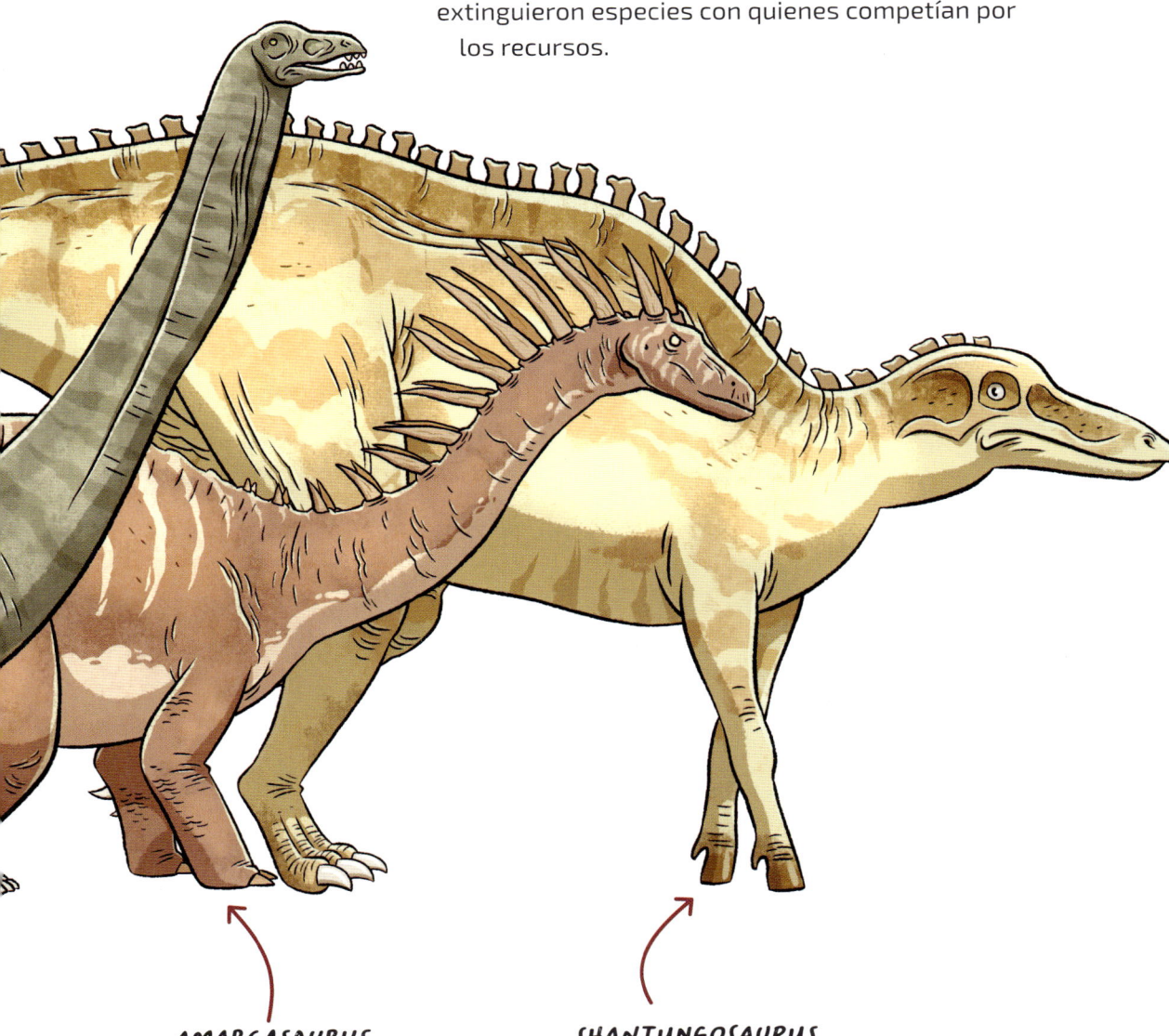

AMARGASAURUS

SHANTUNGOSAURUS

La Tierra en la era de los dinosaurios

En la época de los dinosaurios, la Tierra no tenía cinco continentes como ahora. En el Jurásico, había un solo supercontinente llamado Pangea, mientras que en el Cretácico había dos: Laurasia en el norte y Gondwana en el sur.

Los reyes del planeta

En la Tierra de la era dinosáurica, había distintos ecosistemas: desiertos con dunas, selvas y bosques tropicales y no tropicales, zonas semidesérticas…
Los dinosaurios estaban presentes en todos ellos, incluso en la región que hoy equivaldría a la Antártida, aunque tiene truco: por aquel entonces esta zona no estaba helada y tenía un clima más amable, con bosques y plantas.

Velociraptor en el desierto

En la otra punta del mundo, en Asia Central, vivió uno de los dinosaurios más famosos, el *Velociraptor*. Su hábitat preferido eran las zonas áridas, con dunas de arena salpicadas de vez en cuando por algunos arroyos y bosques.

Compañeros de piso

Los dinosaurios convivieron con muchísimos otros animales terrestres: insectos, serpientes, lagartos que podían alcanzar el tamaño de un dragón de Komodo... y con algunos de los primeros mamíferos, que eran más bien pequeños, como un gato montés a lo sumo.

Argentinosaurus en los bosques

Este es el *Argentinosaurus*, una de las criaturas más grandes que jamás ha pisado la Tierra: ¡podía superar los 30 metros de longitud y pesar 80 toneladas! Vivió hace algo más de 90 millones de años en la actual Patagonia argentina. Hoy es una región bastante árida y seca, pero en el Cretácico era cálida, con bosques templados exuberantes como este de aquí, en los que el *Argentinosaurus* se ponía las botas.

HASTA EL FINAL DEL CRETÁCICO LOS ÁRBOLES CON FLOR NO ERAN ABUNDANTES, POR LO QUE NO HUBIERAN SIDO UN SUSTENTO HABITUAL DEL *ARGENTINOSAURUS*.

Reptiles marinos

Los dinosaurios reinaban en la Tierra siempre que hubiera suelo que pisar, mientras que en los mares mesozoicos vivían parientes lejanos: grandes reptiles tan aterradores como ellos.

Ictiosaurios

Se parecían bastante a los delfines, pero muchos de ellos eran más grandes, hasta del tamaño de una ballena. Eran carnívoros voraces: comían peces, calamares, moluscos e incluso otros ictiosaurios de especies más pequeñas.

Plesiosaurios

Estos grandullones de cuerpo achaparrado y con aletas con forma de remo
también eran carnívoros. En su caso, su dieta se basaba sobre todo en peces.
Algunos, como este elasmosaurio, tenían un cuello larguísimo y
una cabeza muy pequeña.

¡Se parece al famoso monstruo del lago Ness!

I ♥ NESSIE

Mosasaurios

Eran los reyes del mar, unos depredadores gigantescos (las especies más
grandes superaban sin problemas los 10 metros), rápidos y ágiles que vivieron
en el Cretácico, hace entre 82 y 66 millones de años.

SI HAS VISTO LA PELÍCULA *JURASSIC WORLD*,
EL MOSASAURIO ES EL GRAN PROTAGONISTA
DE LA ATRACCIÓN ACUÁTICA DEL PARQUE.

Tipos de dinosaurios

Dividimos los dinosaurios en dos grandes grupos según la forma de su cadera: los Saurischia (literalmente, 'pelvis de lagarto') y los Ornithischia ('pelvis de ave'). Estos grupos, a su vez, se subdividen en otros.

Grupo 1. Saurischia

Los tres huesos de la pelvis están distribuidos de manera que hay uno arriba y los otros dos salen de él hacia abajo, pero uno hacia delante y el otro hacia atrás.

Terópodos. Eran carnívoros que caminaban sobre sus extremidades traseras. Las delanteras, en cambio, solían ser relativamente pequeñas, aunque no en todos. Tenían cabezas grandes con dientes afilados. Había algunos muy curiosos como el *Spinosaurus*, pero el más famoso de todos es el tiranosaurio.

ESTE ES UN T. REX.

Saurópodos. Son los animales más grandes que han caminado sobre la Tierra. Se desplazaban a cuatro patas, tenían un cuello y una cola larguísimos y la cabeza pequeña. Eran herbívoros que debían comer constantemente para cubrir las necesidades de su enorme cuerpo.

En contra de lo que puede parecer, las aves no descienden de los Ornithischia, ¡sino de los Saurischia!

ESTE SAURÓPODO ES UN MAMENCHISAURUS, Y PODÍA SUPERAR LOS 25 METROS DE LONGITUD.

Grupo 2. Ornithischia

Los tres huesos de la pelvis están distribuidos de manera que hay uno arriba y los otros dos salen de él, ambos hacia abajo y hacia atrás.

Estegosaurios. Eran herbívoros y cuadrúpedos. Tenían una cabeza pequeña, y un cuello y una cola más o menos cortos. Destacaban las púas y placas que tenían en la cola y espalda (y a veces en los hombros), que variaban de forma según la especie. Este es un *Stegosaurus*, una especie que vivió a finales del Jurásico.

Anquilosaurios. Eran bajitos, regordetes, con el cuello corto y caminaban a cuatro patas. Y, sobre todo, estaban acorazados, muy acorazados, como superarmadillos. Así se defendían de los depredadores (ellos eran herbívoros).

PODÍAN TENER UNA ESPECIE DE PORRA EN LA COLA, COMO ESTE DE AQUÍ, UN *ANKYLOSAURUS MAGNIVENTRIS*. PUEDE QUE LA USARAN COMO DEFENSA CONTRA SUS ENEMIGOS.

Paquicefalosaurios. Eran los dinosaurios cabezotas por excelencia. No por tercos, sino por el «domo» que tenían en el cráneo, un engrosamiento del hueso que usaban para luchar a cabezazos e impresionar a las hembras (como los ciervos y carneros actuales). A veces, el domo estaba adornado con pinchos o cuernos.

Hadrosaurios. Conocidos también como «dinosaurios pico de pato». ¡Fíjate en este ejemplar de *Maiasaura*! Sus patas traseras eran más robustas que las delanteras, porque a veces caminaban solo sobre ellas. Eran herbívoros y, con sus espectaculares dentaduras, molían las plantas que comían. Vivían en comunidad, formando rebaños.

Ceratópsidos. El más célebre es el *Triceratops*, con su enorme cabeza, sus reconocibles cuernos y la placa ósea de su cuello. Muchos otros ceratópsidos (aunque no todos) tenían elementos similares en la cabeza: cuernos, pinchos, rugosidades, engrosamientos… Eran herbívoros y se agrupaban en rebaños.

Dinosaurios emplumados

Aunque a menudo no se los ha representado así,
¡había muchos dinosaurios con plumas!

Un descubrimiento reciente

En 1996, en China, se descubrieron los restos muy bien conservados de una nueva especie, el *Sinosauropteryx prima*, un dino bípedo del tamaño de un pavo. Su piel estaba cubierta por unos filamentos que parecían ser… ¡plumas! En los siguientes años, se encontraron fósiles que confirmaron que, millones de años antes de las primeras aves, ya había dinosaurios emplumados.

Las aves descienden de los dinosaurios

La mayoría de los dinosaurios con plumas eran terópodos, casi todos de un subgrupo, los celurosaurios. Este es el grupo del que descienden las aves. Había dinosaurios de otros grupos que tal vez también tuvieran plumas muy simples, aunque no podemos afirmarlo con seguridad.

Tipos de plumas

Las plumas de los dinosaurios variaban mucho. Algunas eran muy simples, como filamentos largos, otras como mechones o el plumón de algunos pájaros. Pero, a medida que los dinos evolucionaron, desarrollaron plumas con una estructura muy compleja, llena de ramificaciones, como las de las aves actuales.

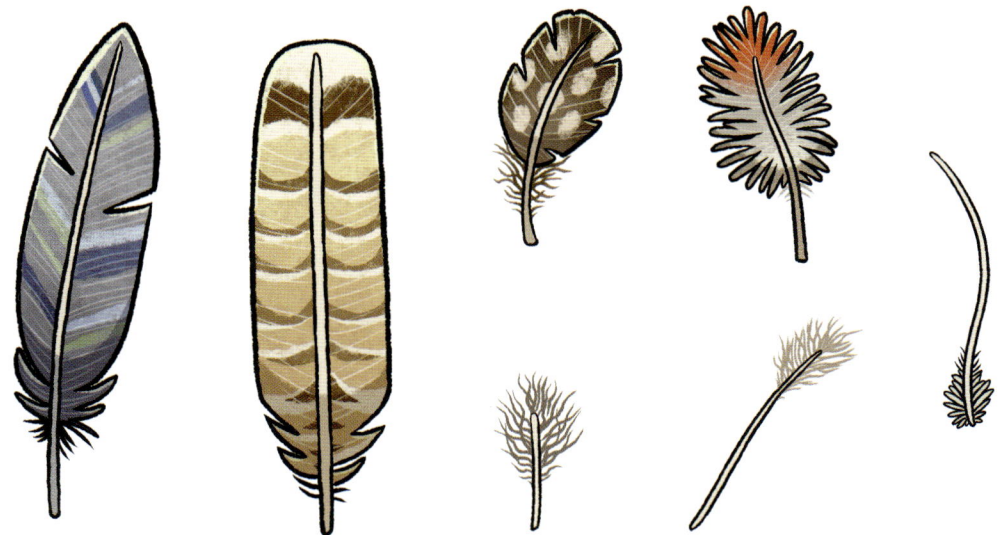

¿Para qué sirven las plumas?

Que tuvieran plumas no significa que las usaran para volar. Creemos que, al principio, su principal función era regular la temperatura corporal (igual que tú te abrigas con una chaqueta), y también podían servir como camuflaje, o incluso para atraer a una posible pareja. Más adelante, les sirvieron para planear (¡algo muy útil si alguien te quería comer!) y también para volar.

Dinosaurios famosos

Ha llegado el momento de conocer a las *superstars* del Mesozoico. ¡Saca la cámara de fotos!

Tyrannosaurus rex

El *T. rex* es seguramente el más famoso (y temido) de todos los dinos. ¡Es el superdepredador por excelencia!

Longitud: 12 metros
Peso: 7 toneladas
Dieta: Carnívoro
Hábitat: Planicies y bosques subtropicales
Lugar de origen: América del Norte
Periodo: Cretácico superior

Su potencia de mordida era la más letal que ha tenido nunca un animal en la Tierra.

Sus fuertes patas traseras contrastaban con las delanteras, pequeñas y provistas de solo dos dedos.

De que le gustaba la carne no hay duda. El *T. rex* era un depredador muy activo y le encantaba cazar. Aunque, si se encontraba carroña, seguramente también la aprovechaba.

Stegosaurus

Su nombre significa 'lagarto con tejado'. ¡El motivo salta a la vista!

Longitud: 6 metros
Peso: 3 toneladas
Dieta: Herbívoro
Hábitat: Ambientes semiáridos de vegetación baja
Lugar de origen: América del Norte y posiblemente Europa
Periodo: Jurásico superior

Su lomo tenía dos filas con estas pintorescas placas que podían medir más de medio metro cada una.

Hay varias teorías sobre la función de las placas: que servían para defenderse, para intimidar a los enemigos, para regular la temperatura, como forma de reconocimiento...

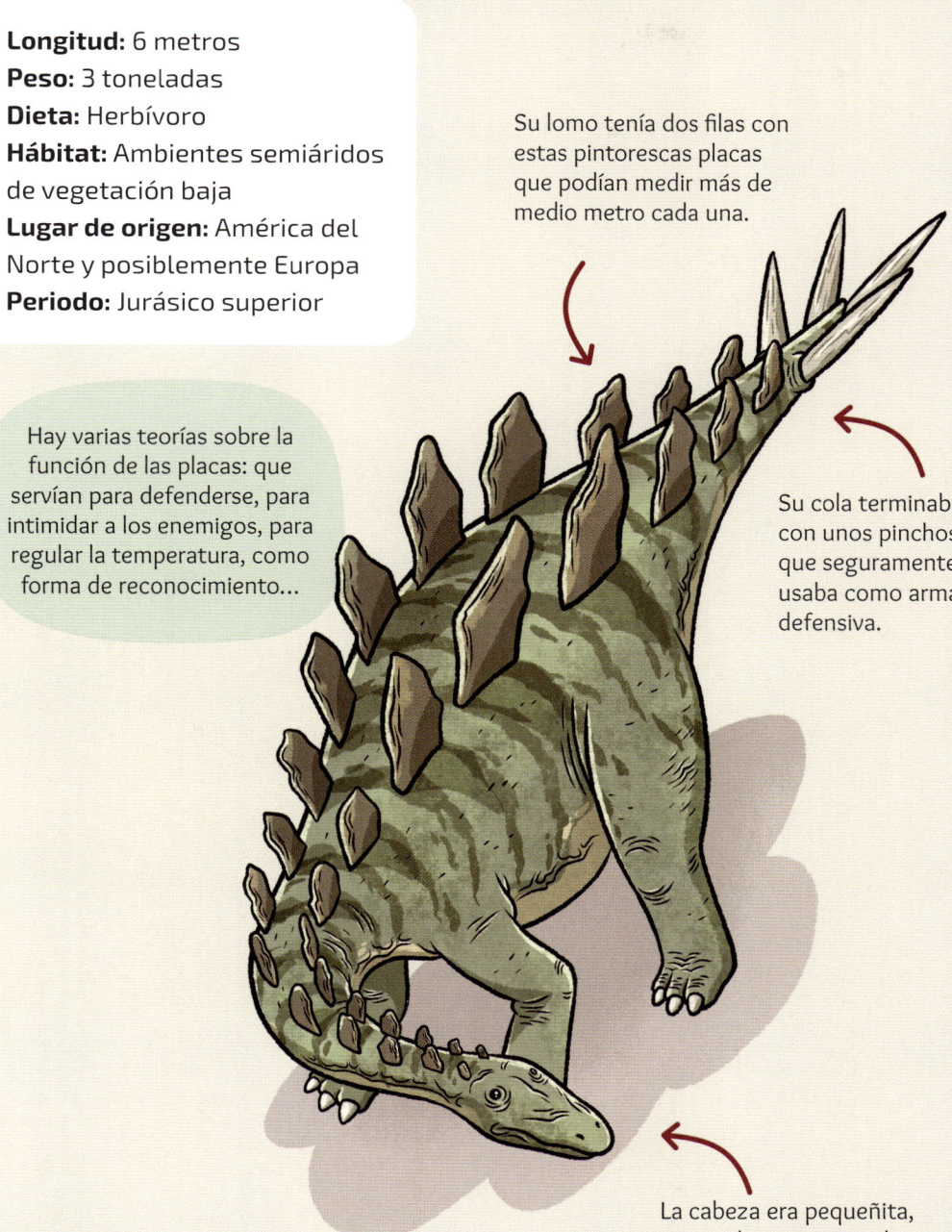

Su cola terminaba con unos pinchos que seguramente usaba como arma defensiva.

La cabeza era pequeñita, no mucho mayor que la de un perro grande.

Triceratops

Una mezcla de búfalo y rinoceronte,
¡pero en dinosaurio!

Longitud: 8 metros
Peso: 6 toneladas
Dieta: Herbívoro
Hábitat: Bosques y praderas
Lugar de origen: América del Norte
Periodo: Cretácico superior

Seguramente esta placa ósea servía para reconocerse entre miembros de la misma especie, pero puede que también sirviera para proteger su garganta de ataques de depredadores.

Tenía un cuerno en el morro y otros dos sobre los ojos. Y su boca se asemejaba al pico de un loro. ¡Menuda mezcla!

Sus extremidades eran muy fuertes: no les quedaba más remedio, ¡tenían que sostener un cuerpo muy robusto!

Estaba hecho un cabezota en toda regla: proporcionalmente, su cabeza es una de las más grandes que ha tenido nunca un animal terrestre.

Velociraptor

Los grandes protagonistas de *Parque Jurásico* eran muy diferentes en la vida real…

Longitud: 1,5 metros
Peso: 15 kilos
Dieta: Carnívoro
Hábitat: Climas áridos y desérticos
Lugar de origen: Asia
Periodo: Cretácico superior

Los *Velociraptor* reales eran bastante más pequeños que los de las películas. Esos en realidad se parecen más al *Deinonychus*, una especie de «hermano mayor» del *Velociraptor* que medía 3 metros.

Como ves, el *Velociraptor* era un dinosaurio emplumado.

En las extremidades traseras tenía unas terribles garras en forma de hoz que no apoyaba en el suelo y con las que causaba heridas mortales en sus presas.

Sus extremidades traseras eran largas y poderosas, lo que le permitía correr muy rápido. ¡El «veloz» de su nombre no es casualidad!

Iguanodon

Este gigantón cretácico tiene el honor de ser el segundo dinosaurio que se descubrió y estudió, en la primera mitad del siglo XIX.

Longitud: 9 metros
Peso: 3 toneladas
Dieta: Herbívoro
Hábitat: Bosques y pantanos
Lugar de origen: Europa
Periodo: Cretácico inferior

Su nombre significa 'diente de iguana' porque lo primero que se encontró de este animal fue un diente, que recordaba al de las iguanas actuales (pero en grande, claro).

Las patas delanteras del *Iguanodon* tenían cinco dedos. El «pulgar» tenía una garra muy larga, que tal vez usara para defenderse o para partir semillas o cavar.

La primera vez que se reconstruyó un esqueleto, se colocó la garra en la cara, como si fuera un cuerno de rinoceronte. ¿Para qué iba a querer una garra así un animal herbívoro?, pensaron entonces...

Megalosaurus

El *Megalosaurus* fue un dinosaurio carnívoro de gran tamaño, con fuertes mandíbulas y afilados dientes. Su nombre significa 'lagarto gigante'.

Longitud: 7–9 metros
Peso: Alrededor de 1 tonelada
Dieta: Carnívora
Hábitat: Zonas boscosas y riberas de ríos
Lugar de origen: Europa (especialmente Reino Unido)
Periodo: Jurásico medio

El *Megalosaurus* fue el primer dinosaurio descrito científicamente, en 1824. Sus huesos se encontraron en Inglaterra y causaron gran asombro entre los científicos de la época.

Poseía una mandíbula robusta con dientes curvados y aserrados, perfecta para desgarrar carne.

Caminaba sobre dos patas y tenía fuertes garras para atrapar a sus presas.

Vida social

Igual que los humanos y muchos otros animales, los dinosaurios se relacionaban entre ellos: tenían lo que llamamos vida social.

Manadas

Algunas especies de carnívoros formaban pequeños grupos (de unos 5 o 6 individuos), como en las manadas de lobos. Esto les permitía cazar presas más grandes que si lo hicieran en solitario, aunque luego tuvieran que compartir la comida.

ESTA ES UNA MANADA DE *DEINONYCHUS* ATACANDO A UN *TENONTOSAURUS*.

En busca de pistas

¿Cómo podemos estudiar el comportamiento social de animales que nunca hemos visto vivos? Toca aguzar el ingenio y buscar pistas indirectas: si encontramos pisadas fósiles de distinto tamaño que avanzan juntas o si hallamos huesos de ejemplares de la misma especie y distintos tamaños juntos, o puestas de huevos comunes, podemos sospechar que esos dinos vivían en comunidad, ya sea porque fueran familia o amigos.

Rebaños

Muchos herbívoros (como los saurópodos), formaban grandes rebaños, seguramente compuestos por miembros de distintas edades y sexos. Estos grupos les permitían defenderse de forma conjunta y más eficiente que si estuvieran solos. Además, así también cuidaban mejor de sus crías, que, en los dinos más grandes, tardaban muchos años en alcanzar el tamaño adulto.

Viajar en familia

Entre los herbívoros eran habituales las migraciones en grupo. Al igual que sucede con muchos animales actuales, grandes manadas de hadrosaurios o saurópodos se trasladaban a zonas en las que hubiera más alimento en ciertas estaciones, o también para poner sus huevos. Es muy probable que los carnívoros los siguieran, como si fuera un baile de la conga mesozoico.

Enfermedades, lesiones y fisuras

Los dinosaurios también tenían problemas de salud y accidentes.
¡Hora de visitar al doctor!

Locos por sus huesos

Las enfermedades que podemos reconocer en los dinosaurios son las que, de uno u otro modo, dejaban alguna señal en las partes que podemos estudiar de ellos: los huesos y los dientes. ¡Es como hacer de médicos y detectives al mismo tiempo! Por ejemplo, logramos saber que un saurópodo al que hemos bautizado como Dolly tuvo una infección respiratoria por cómo afectó la enfermedad a la forma de sus vértebras.

Doctor,
¿es grave?

Huesos rotos

En los fósiles de dinosaurios, hemos encontrado numerosas evidencias de huesos rotos que se han vuelto a soldar (a veces no muy bien). Por inflamaciones halladas en algunos de esos huesos, sabemos que a veces esas fracturas resultaban en infecciones

que habrían sido muy dolorosas y, en ocasiones, letales. Seguramente estas fracturas sucedieron cuando cazaban a sus presas, en luchas unos contra otros a la hora de escoger pareja, e incluso en accidentes.

Tumores cancerígenos

Por lo que se ha estudiado, el cáncer de huesos era una enfermedad común entre los dinosaurios. En 2020, se encontraron unos huesos de *Centrosaurus* (un dinosaurio similar al *Triceratops*) con osteosarcoma, un tipo de cáncer de hueso muy agresivo que nos sigue afectando a los humanos en la actualidad. Fue la primera vez que se le diagnosticó este tipo de cáncer a un dinosaurio. A 77 millones de años de distancia, tiene mérito, ¿no crees?

Parásitos

Al igual que muchos animales salvajes hoy en día, los dinos también se veían afectados por parásitos. En este caso, lo sabemos porque hemos podido rescatar ectoparásitos como piojos o garrapatas que quedaron atrapados en ámbar y que debían de afectar sobre todo a los dinosaurios que tenían algún tipo de plumaje.

Apareamiento

A la hora de buscar una pareja, los dinosaurios se ponían guapos y salían incluso a bailar. ¿Te unes a la fiesta dinosáurica?

¿Macho o hembra?

¿Sabías que en la mayor parte de los casos no somos capaces de identificar si un fósil pertenecía a un macho o una hembra? Una de las pocas formas que tenemos de hacerlo es si encontramos lo que se llama «hueso medular», un tejido presente en las aves hembra en el que se acumula calcio, un elemento muy importante en las cáscaras de los huevos.

La cópula

Sabemos poco sobre cómo copulaban. Lo más probable es que los machos tuvieran pene, como sucede con los reptiles y como pasaba con las aves primitivas (la mayoría de las actuales no tienen). Pero no sabemos mucho más.

¿Quién es el más guapo?

Sospechamos que el plumaje jugaba un papel importante en la selección sexual. Las plumas sirvieron para ligar antes que para volar. La selección natural hizo que los machos con un plumaje más ostentoso tuvieran más éxito y se reprodujeran más, de forma que la descendencia fue cada vez más emplumada.

¿Bailamos?

En 2016, en Estados Unidos, se hallaron unas marcas similares a las que dejan algunas aves cuando rascan el suelo al cortejar a sus parejas. Pertenecían a criaturas del Cretácico que, según calculamos, debían medir al menos 5 metros. Esto nos lleva a pensar que, a lo mejor, los dinosaurios practicaban algún tipo de danza de cortejo para seducir a sus parejas.

Huevos y nidos

Todos los dinosaurios ponían huevos. Pero ¿cómo eran los huevos
y cómo cuidaban de ellos?

Cuestión de tamaño

Los huevos de dinosaurio eran relativamente pequeños: normalmente oscilaban
entre el tamaño de los de gallina y los de avestruz. Los más grandes eran como
una pelota de vóleibol. O sea, que, al nacer, una cría de un dino gigantesco
pesaba menos que un bebé humano. ¡Y en 20 años crecía hasta alcanzar 60 o 70
toneladas, y no las pocas decenas de kilos que pesarás tú de mayor!

21 cm

6 cm

Gallina   Oviraptor   Hadrosaurio   Troodóntido   Terópodo

NORMALMENTE, LOS HUEVOS ERAN
ESFÉRICOS, COMO PELOTAS, Y
TENÍAN LA CÁSCARA DURA. PERO
ALGUNAS ESPECIES LOS PONÍAN
OVALADOS, COMO LOS DE GALLINA,
O CON CÁSCARA BLANDITA, COMO
LOS DE ALGUNAS TORTUGAS.

Cava que te cava

Para poner los huevos, los dinosaurios tenían distintas estrategias. Muchos excavaban un agujero en un terreno blando (de barro o arena) y luego los cubrían con vegetación. No obstante, algunos yacimientos en Europa nos han demostrado que ciertas especies también los enterraban.

Nidadas saurópodas

Los saurópodos ponían como los reptiles: todos los huevos en el mismo momento y con nidadas grandes, de hasta 50 huevos. Durante la temporada reproductiva, centenares de saurópodos acudían en masa a zonas específicas a poner miles de huevos.

UNO DE ESTOS SITIOS FUE AUCA MAHUEVO, UN YACIMIENTO EN ARGENTINA EN EL QUE HEMOS ENCONTRADO VALIOSOS RESTOS DE HUEVOS DE TITANOSAURIOS (¡Y MUCHOS CON LOS EMBRIONES DENTRO!).

Nidadas avícolas

Los dinosaurios más parecidos a las aves actuales ponían menos huevos y no todos de golpe, sino probablemente de dos en dos antes de hacer una pausa (casi casi como las aves actuales, que ponen de uno en uno). Además, incubaban los huevos (también como las gallinas y las aves actuales), es decir, se ponían encima de ellos, tal vez para transmitirles calor o para protegerlos.

¿Qué comían los dinosaurios?

¡Todo sobre la dieta dinosáurica!

¿Cómo sabemos qué comía cada dinosaurio?

A veces, la suerte nos sonríe y en las zonas digestivas de algunos fósiles encontramos restos de los alimentos que estaban digiriendo y que se han preservado. Entonces la cosa está clara, ¿no te parece? Por ejemplo, en el estómago de fósiles hallados en China, hemos encontrado restos de plantas, de pequeños lagartos, mamíferos, peces, aves… ¡e incluso de otros dinosaurios!

Cacas fosilizadas

Otro recurso que tenemos son los coprolitos, las cacas fosilizadas. ¡En ocasiones también vienen con sorpresa dentro! La forma y el tamaño de las heces nos permite identificar a qué tipo de dinosaurio pertenecieron, y los restos de material no digerido que contienen nos dan información sobre lo que habían comido. En ciertas cacas de tiranosaurio hemos hallado huesos que nos han permitido confirmar que comían dinosaurios de gran tamaño como *Triceratops* o hadrosaurios.

¡Pero si ya no huele!

Herbívoros

Los dinosaurios herbívoros, como el *Diplodocus* y el *Triceratops*, se fueron adaptando a las plantas disponibles a lo largo del Mesozoico, que cambiaron mucho: árboles con flor, coníferas, araucarias, helechos, cícadas, cola de caballo…

Carnívoros

Algunos de los más grandes eran capaces de zamparse grandes presas, como el tiranosaurio, y otros más chiquitos se conformaban con pequeños mamíferos, lagartos y aves… También estaban los que preferían el pescado, como el *Spinosaurus*.

ESTE ES UN FRUITADENS.

Omnívoros

Y, en medio, los omnívoros, que, como el ser humano, incluían en su dieta alimentos de origen vegetal y animal. En este caso, se solía tratar de dinosaurios de tamaño más bien pequeño, de un metro o un metro y medio de largo. Alternaban plantas con pequeños reptiles y mamíferos, insectos y huevos.

Dentaduras dinosáuricas

Las bocas y los dientes de los dinosaurios también nos dan mucha información sobre su dieta.

Dientes mesozoicos

Los *Tyrannosaurus* (carnívoros) tenían dientes afilados como cuchillos ¡algo súper necesario para comer carne!

Los *Spinosaurus*, también carnívoros, tenían dientes cónicos y agudos, muy adecuados para capturar peces.

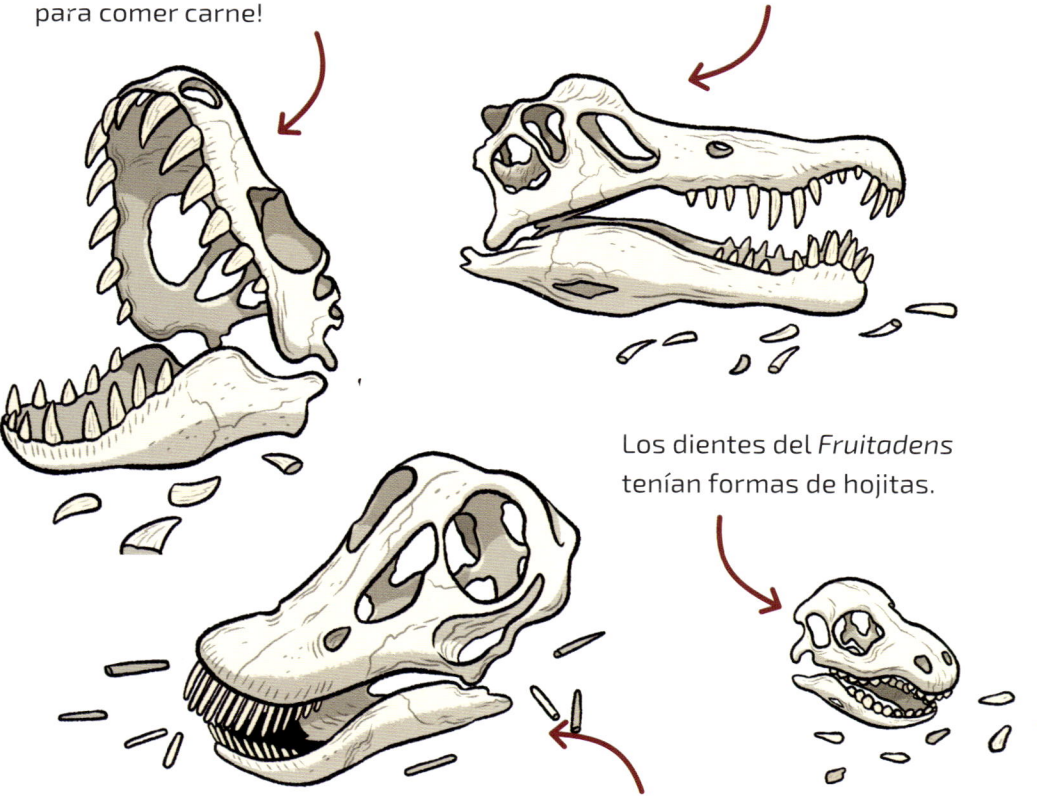

Los dientes del *Fruitadens* tenían formas de hojitas.

Los *Diplodocus* (herbívoros) tenían la dentadura en forma de rastrillo porque con ella deshojaban las ramas de los árboles, arrancando el follaje del tallo.

Dentaduras infinitas

Algunos dinosaurios tenían dentaduras fascinantes. Las más espectaculares son las de los hadrosaurios (o dinosaurios pico de pato): poseían baterías dentales formadas por centenares de piezas. Su superficie de mordida era como una capa de adoquines pavimentados en los que el desgaste creaba una plataforma en la que se maceraban los vegetales que comían.

Dientes gratis

A diferencia de los humanos, que solo tenemos los dientes de leche y los definitivos, a los dinosaurios les crecían dientes continuamente a lo largo de toda la vida. Si se les desgastaba o perdían uno, ¡no había problema! Un *Diplodocus* reemplazaba sus dientes cada 35 días, mientras que un carnívoro como el *Allosaurus* lo hacía cada 100 días. ¡La ruina de los dentistas!

El ciclo de la vida de un *Velociraptor*

De dinobebés a dinoabuelos.

Las fases de la vida

Aunque todo lo que puedes ver hoy de un dinosaurio auténtico sean sus huesos fosilizados en un museo, ten en cuenta que eran animales vivientes como nosotros: indefensos al nacer, su cuerpo cambiaba con la edad, se lesionaban, tenían sed, hambre, amigos, parejas… Aquí te muestro las etapas de la vida de una hembra de *Velociraptor*, desde que nace hasta que muere.

1. Crianza

Al nacer, es muy vulnerable y depende de sus padres para protegerse de los depredadores y alimentarse.

2. Juventud

Aunque crece muy rápido, mientras no alcanza su tamaño adulto come lo que puede. De joven, caza pequeños lagartos del Gobi, mientras que de mayor será capaz de matar *Protoceratops*, dinosaurios del tamaño de una oveja.

3. Adultez

En pocos años, alcanza el tamaño de su madre. Además, desarrolla ciertos tipos de plumaje que indican que ya está lista para procrear y tener descendencia. Así, otros miembros de su especie la identifican como posible pareja.

4. Reproducción

Pone sus primeros huevos. Ha tenido que engordar y acumular calcio en sus huesos (hueso medular) antes de la etapa reproductiva. El calcio extra irá a la cáscara de sus huevos y, cuando las crías nazcan, perderá mucho peso alimentándolas. Como las aves actuales, puede pasar días sin comer con tal de garantizar el sustento de sus pequeños.

5. Madurez

Durante unos cuantos años más, pondrá huevos una vez al año, siempre en la misma época. Vivirá alrededor de unos 15-20 años y, a lo largo de su vida deberá enfrentarse a todo tipo de peligros: lesiones, enfermedades, peleas con otros dinosaurios... ¡La vida en el Mesozoico no es fácil!

Su ciclo de vida no es tan distinto del mío, ahora que lo pienso, ¿y del tuyo?

Dinosaurios grandes

Descubre los animales terrestres más gigantescos que han pisado nunca la Tierra.

Titanes del Mesozoico

De entre los dinos grandes, los reyes eran los saurópodos. Y, dentro de este grupo, se llevaba la palma la familia de los titanosaurios, como el *Argentinosaurus*, el *Patagotitan* o el *Puertasaurus*. Superaban los 30 metros de longitud.

¿Por qué había dinosaurios tan grandes?

• Para empezar, porque tenían suficiente alimento para subsistir a pesar de su tamaño. ¡La vegetación mesozoica era como un bufet libre para ellos! Además, algunos estudios sugieren que las plantas de aquella época eran más nutritivas que las actuales.

• El tamaño fue una ventaja evolutiva para los saurópodos. Cuanto más grande eras, más difícil era que un depredador te quisiera o pudiera cazar. Así que los ejemplares más grandes se impusieron.

• Gracias a una muy eficiente digestión, conseguían extraer la mayor cantidad posible de nutrientes de las plantas que comían.

• Además, era más fácil conservar el calor corporal. Los dinos más pequeños recurrieron a las plumas para abrigarse, pero estos grandullones no las necesitaban, su propio cuerpo les hacía de «estufa». Esto se llama gigantotermia.

El gran tamaño y el largo cuello de los saurópodos les permitían alcanzar las ramas más altas de los árboles, que quedaban fuera del alcance de otros herbívoros.

Curiosidato

Calculamos que los más pesados debían situarse entre las 50 y las 80 toneladas, pero esto solo son aproximaciones. A fin de cuentas, solo tenemos esqueletos: ¡nos falta la chicha! Para formular hipótesis, comparamos su cuerpo a partir de los huesos que tenemos con el de animales actuales que consideramos parecidos.

Longitud: 25 metros
Peso: 60 toneladas
Dieta: Herbívoro
Lugar de origen: América del Norte y posiblemente África y Europa
Periodo: Jurásico superior

ESTE ES UN BRACHIOSAURUS.

Dinosaurios pequeños

Minidinos: pequeños, pero matones.

Orígenes humildes

Los orígenes de los dinosaurios, a principios del Triásico, estuvieron protagonizados por criaturas pequeñitas como el *Eoraptor lunensis*. No fue hasta tiempo después cuando aparecieron las especies más grandes. Y junto a ellas, claro, siguieron existiendo dinosaurios de bolsillo (o casi). Veamos algunos de ellos.

Epidexipteryx hui

Tenía unas larguísimas plumas en la cola que seguramente usaba para pavonearse con sus ligues y, ya puestos, le ayudaban a mantener el equilibrio al saltar de rama en rama, ya que no podía volar.

Longitud: 25 centímetros (un poco más que un palmo de un adulto)
Peso: 160 gramos
Dieta: Omnívoro
Lugar de origen: Asia
Periodo: Jurásico superior

Microraptor

Este es el hermano pequeño del *Velociraptor*. Su tamaño era un poco más grande que el de un cuervo. Tenía plumas en la cola, las extremidades superiores y las inferiores. ¡Es posible que fuera capaz de volar!

Longitud: 77 centímetros
Peso: 1 kilo
Dieta: Carnívoro
Lugar de origen: Asia
Periodo: Cretácico inferior

Curiosidato

Un animal pequeño necesita mayor energía (proporcionalmente) que uno más grande: por eso muchos de los dinos peques eran carnívoros o, al menos, omnívoros, ya que la carne tiene más energía que las plantas.

Dilong

Aquí tenemos al hermano pequeño de otra superestrella, el *T. rex*. El *Dilong* es de la misma familia, los tiranosauroideos, pero más pequeño, tal vez lo suficiente para tenerlo de mascota. Eso sí, por si acaso, ¡yo vigilaría que no se comiera a tu otra mascota!

Longitud: 2 metros
Peso: 20 kilos
Dieta: Carnívoro
Lugar de origen: Asia
Periodo: Cretácico inferior

Dinosaurios raros

Los dinosaurios que se salen de lo común también merecen un lugar en nuestros corazones, ¿no te parece? ¡Viva la originalidad!

Cryolophosaurus

A este dino también lo apodamos *Elvisaurus* debido a que su cresta puede recordar a la que llevaba el rey del *rock and roll*, Elvis Presley.

Longitud: 6 metros
Peso: 500 kilos
Dieta: Carnívoro
Hábitat: Bosques
Lugar de origen: Antártida
Periodo: Jurásico inferior

Se cree que su famosa cresta servía como forma de reconocimiento o comunicación con otros miembros de su misma especie.

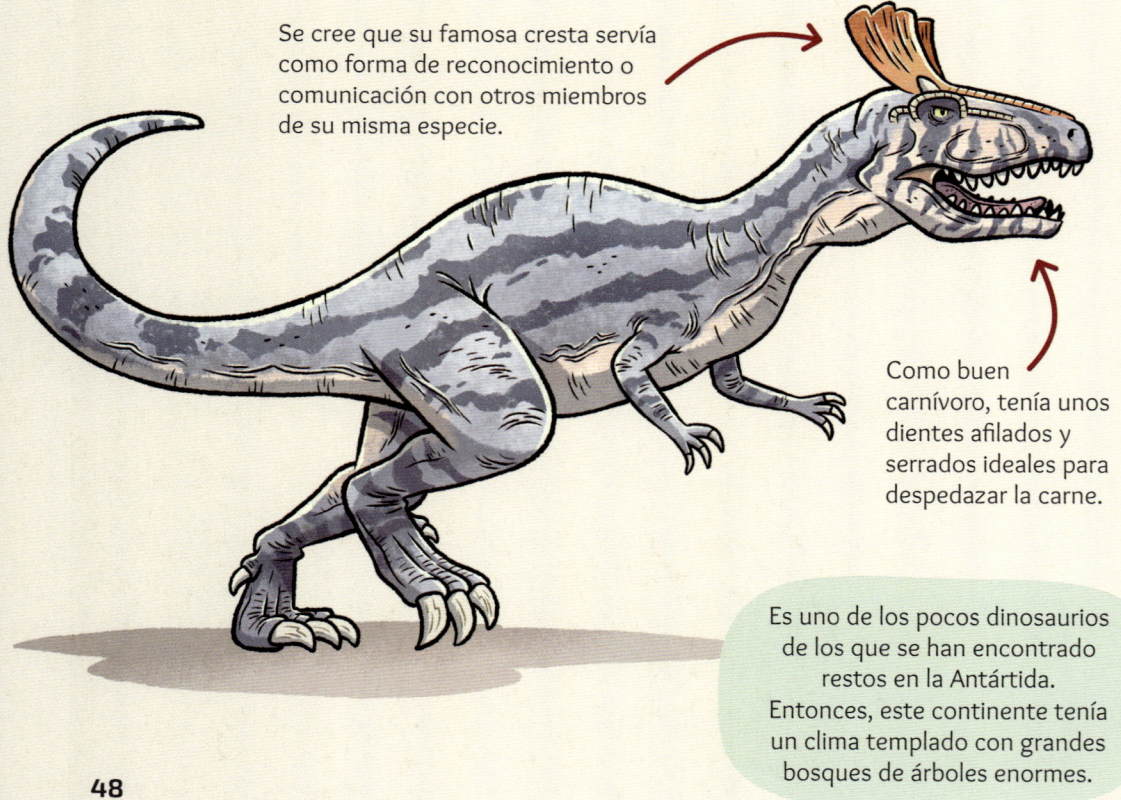

Como buen carnívoro, tenía unos dientes afilados y serrados ideales para despedazar la carne.

Es uno de los pocos dinosaurios de los que se han encontrado restos en la Antártida. Entonces, este continente tenía un clima templado con grandes bosques de árboles enormes.

Yi qi

¿Dinosaurio, murciélago o dragón?
Este dinosaurio era único, y no
solo porque únicamente se haya
encontrado un ejemplar de la especie...

Longitud: 30 centímetros
Peso: 400 gramos
Dieta: Omnívoro
Hábitat: Bosques cálidos y húmedos
Lugar de origen: Asia
Periodo: Jurásico superior

Aunque en las alas no
tenía plumas, sí disponía
de ellas en buena parte de
su cuerpo, como muchos
otros dinosaurios.

En chino, su nombre
significa 'ala extraña'. Los
huesos estaban unidos por
una membrana, como en
los murciélagos (o muchos
dragones de las pelis).

Creemos que vivía en los
árboles y lo más seguro es
que las alas no le sirvieran
para volar, sino para
planear.

Mononykus

Su nombre significa 'garra única', pero es incorrecto. Hasta hace no mucho, se pensaba que en las extremidades delanteras, que son muy cortas y rechonchas, tenía un único dedo dotado de una poderosa garra, pero ahora se sabe que tenían dos dedos más, muy pequeñitos.

Longitud: 1 metro
Peso: 3 kilos
Dieta: Carnívoro
Hábitat: Desiertos
Lugar de origen: Asia
Periodo: Cretácico superior

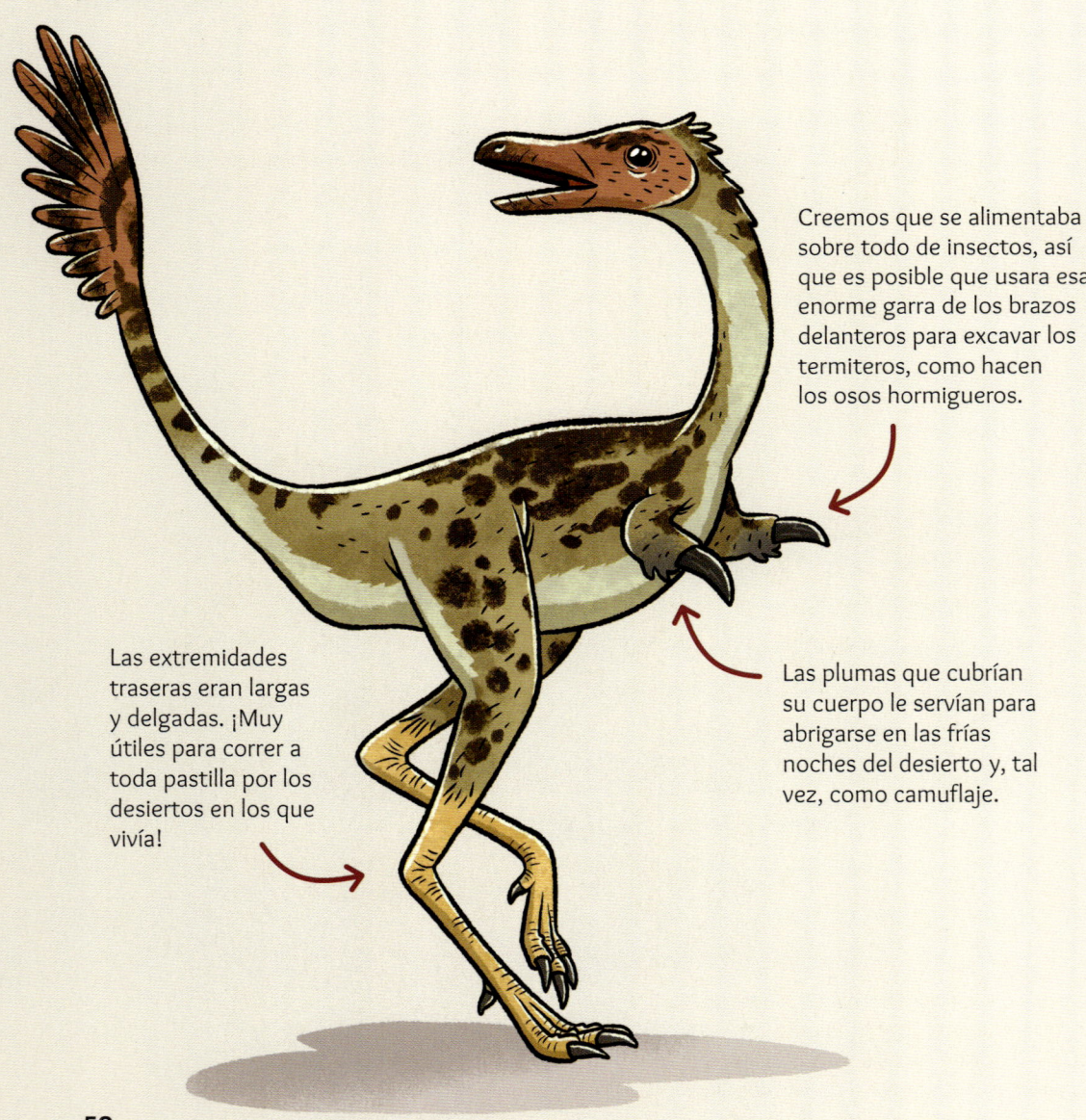

Creemos que se alimentaba sobre todo de insectos, así que es posible que usara esa enorme garra de los brazos delanteros para excavar los termiteros, como hacen los osos hormigueros.

Las extremidades traseras eran largas y delgadas. ¡Muy útiles para correr a toda pastilla por los desiertos en los que vivía!

Las plumas que cubrían su cuerpo le servían para abrigarse en las frías noches del desierto y, tal vez, como camuflaje.

Spinosaurus

Sí, el *Spinosaurus* es bastante famoso, pero eso no lo hace menos raro... ¡Mira esa vela en la espalda!

Longitud: 15 metros
Peso: 8 toneladas
Dieta: Carnívoro
Hábitat: Bosques pantanosos
Lugar de origen: África del Norte
Periodo: Cretácico superior

Su morro (similar al de un cocodrilo) y sus dientes cónicos eran ideales para cazar peces grandes.

De su lomo salían unas grandes espinas vertebrales (que le dan nombre) que sostenían una especie de vela de piel. Seguramente la usaba para regular su temperatura.

La cola era muy larga y tenía una aleta que lo convertía en uno de los dinos más aptos para la natación, aunque era terrestre. De hecho, se podía pasar mucho rato bajo el agua pescando, ya que podía adaptarse al medio acuático.

Magyarosaurus

En el Jurásico superior y el Cretácico, Europa era un archipiélago (o sea, un conjunto de islas). En estas islas vivían algunos saurópodos como este.

Longitud: 6 metros
Peso: 800 kilos
Dieta: Herbívoro
Hábitat: Humedales
Lugar de origen: Europa
Periodo: Cretácico superior

Uno de sus rasgos característicos era que tenía osteodermos, o sea, unas placas óseas en la piel que le servían de armadura.

Lo que hacía raro al *Magyarosaurus* era su tamaño: medía 6 metros y pesaba como un toro grande, lo que te puede parecer enorme, ¡pero para ser un saurópodo es muy poco!

En las islas de la Europa cretácica hay muchos ejemplos de enanismo como este. En ese entorno, la evolución favorece a los individuos de menor tamaño de la especie, que tiende a hacerse más pequeña con el tiempo.

Amargasaurus

Este saurópodo vivía en la Patagonia, concretamente en la formación La Amarga. ¡Y no dejaba que los asuntos espinosos le amargaran el día!

Longitud: 10 metros
Peso: 4 toneladas
Dieta: Herbívoro
Hábitat: Bosques templados
Lugar de origen: América del Sur
Periodo: Cretácico inferior

Dos filas de larguísimas espinas (¡de hasta 60 centímetros!), que nacían en las vértebras, recorrían su cuerpo desde la nuca hasta media espalda.

El cuello del *Amargasaurus* era más corto que el de otros saurópodos, lo que nos permite suponer que se alimentaba a media altura, no de las ramas más altas, como sus parientes.

A diferencia del *Spinosaurus*, no parece que las espinas sostuvieran una vela. Tampoco sabemos muy bien cuál era su función. ¿Tal vez para atraer a posibles parejas durante el cortejo? ¿O para defenderse de enemigos?

53

El meteorito: ¿el fin de los dinosaurios?

La era de los dinosaurios probablemente acabó con un meteorito que cayó en la Tierra hace 65 millones de años. ¡Pero no todos murieron!

El famoso meteorito

Este meteorito es la principal explicación que damos al final del reinado de grandes dinosaurios como el *Triceratops* y el *T. rex*. Cayó en el mar, en la actual provincia de Yucatán (México) hace unos 65 millones de años. Pero ¿cómo puede un pedrusco espacial afectar a todo un planeta?

Efectos en cadena

El efecto de la caída de un meteorito tan grande en el mar provoca destrucción, incendios y tsunamis allí donde cae y, además, causa un desequilibrio en los ecosistemas del planeta. Con la brutal colisión, la atmósfera se oscurece, las plantas no pueden hacer la fotosíntesis y mueren. Como consecuencia, los animales herbívoros se quedan sin comida y mueren también. Y los siguientes en caer son los carnívoros, que se quedan sin herbívoros que devorar.

Los volcanes indios

Existe otra teoría que podría ser, o bien complementaria a la del meteorito, o bien una explicación alternativa independiente: al oeste de la actual India, grandes volcanes entraron en erupción durante miles de años. Los gases y partículas de estas erupciones afectaron a la atmósfera y contribuyeron a la desaparición de muchos animales que vivían en la Tierra por entonces, incluidos los dinosaurios.

¡Imagina más de 10 000 volcanes activos a la vez! ¡Dejaron 2000 metros de espesor de lava petrificada en una superficie del tamaño de la península ibérica!

De extinción en extinción

El meteorito provocó la quinta extinción masiva de la historia de la Tierra. Así es como llamamos a los devastadores momentos en los que algún fenómeno repentino (como el meteorito o las supererupciones volcánicas) provoca la desaparición de muchas especies. Antes, hace unos 200 millones de años, los dinos ya habían vivido otra, la del Triásico. En ella, desparecieron muchos de los primeros dinosaurios, pero los que sobrevivieron evolucionaron y terminaron reinando en el planeta.

Las aves, dinosaurios vivientes

En la actualidad, hay dinosaurios vivos entre nosotros: ¡las aves!

Un tipo de dinosaurio

Las aves son un grupo dentro de la familia de los dinosaurios emplumados. Ambos animales descienden de los reptiles, es decir, forman parte del mismo árbol evolutivo. Hoy en día existen unas 10 000 especies de aves (es decir, ¡dinosaurios vivos!), muchas más de las que conocemos de toda la era mesozoica. ¡Es como si estuviéramos viviendo en la era de los dinosaurios! Aunque, claro, ahora ya no dominan el planeta.

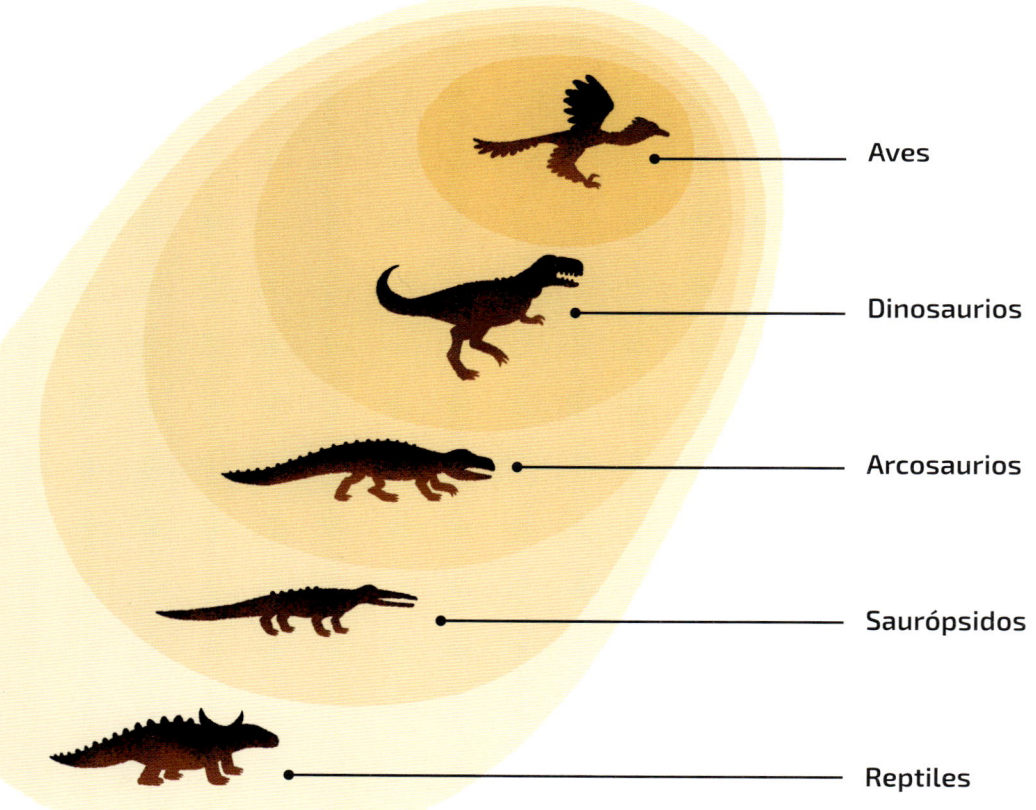

Aves

Dinosaurios

Arcosaurios

Saurópsidos

Reptiles

Las primeras aves

Hace unos 150 millones de años nacieron las primeras aves. En concreto, hubo una especie que nos permitió confirmar que las aves eran dinosaurios: el *Achaeopteryx*.

Evolucionaron a lo largo de unos 80 millones de años hasta la aparición de las aves modernas.

Longitud: Aproximadamente 50 centímetros
Peso: 0,5 a 1 kilo
Dieta: Carnívoro
Lugar de origen: Europa
Periodo: Jurásico superior

Veamos los rasgos en común entre un *Velociraptor mongoliensis* y una paloma, que es un ave actual:

- Hueso de la suerte (un hueso del pecho en forma de Y)
- Los huesos de los miembros están huecos
- Tridáctilos (es decir, tienen tres dedos)
- Postura erguida
- Muñecas parecidas
- Plumas (alas y cola)

UNA GRAN DIFERENCIA ES QUE LA PALOMA NO TIENE DIENTES EN EL PICO NI HUESO EN LA COLA.

Cómo construir un dinosaurio

Descubre el largo camino desde que encontramos un montón de huesos fosilizados hasta que reconstruimos el esqueleto que ves en los museos.

Un puzle de 150 millones de años

Te presento a Gnatalie, la gran estrella del Museo de Historia Natural del Condado de Los Ángeles. ¿Quieres saber cómo llegamos a reconstruir a este gigantesco dino de una especie similar al *Diplodocus*?

Su nombre mezcla Natalie con *gnat* ('jején' en inglés), ¡porque durante la excavación estos bichos nos masacraron a picadas!

Paso 1

Hallamos sus huesos en Utah y estuvimos excavando durante 9 veranos. Tenían unos 150 millones de años de antigüedad y una característica muy especial: durante el proceso de fosilización, un mineral llamado celadonita les dio una coloración verdosa única.

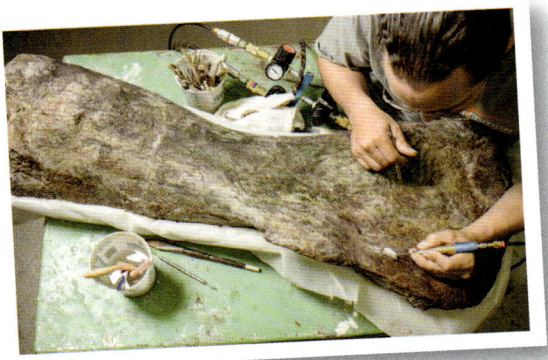

Paso 2

Lo siguiente fue limpiar los huesos en el laboratorio, retirando las partes de roca adheridas a ellos y rellenando los desperfectos o huecos faltantes con un material lo más parecido posible. Este paso costó años de trabajo.

Paso 3

Luego, trasladamos los huesos a Canadá, donde un grupo de expertos estudiamos cómo podíamos juntarlos en el espacio del museo. Siempre hay complicaciones: por ejemplo, algunos huesos de la columna vertebral estaban dañados y decidimos sustituirlos por reconstrucciones, porque si no, ¡a lo mejor el esqueleto no aguantaba!

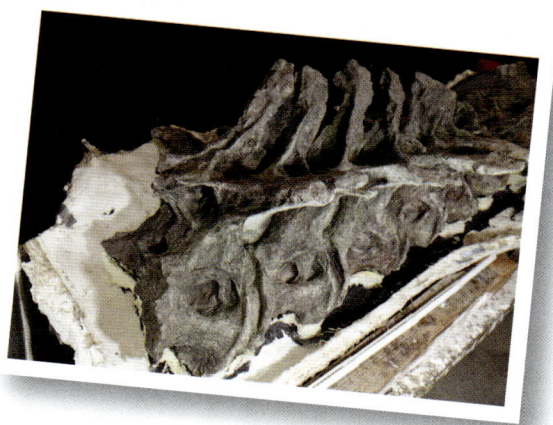

Paso 4

Llegó la hora de montar el dinopuzle. ¡El trabajo nos llevó meses! Una vez concluido, lo desarmamos, lo empaquetamos y lo enviamos al museo, donde se volvió a montar (ahora más rápido, ¡ya le habíamos cogido el truco!).

¿Dinos o fósiles?

Te explico cómo un *T. rex* pasa de dinosaurio a fósil.

Este es nuestro *T. rex*, al que hemos llamado Thomas.

No, si ya sabía yo que esto no era buena idea...

Un día, Thomas muere en la orilla de un lago. Su cuerpo queda cubierto por el agua, de modo que se salva de ser devorado por otros animales.

El cadáver de Thomas se va cubriendo con capas y capas de tierra y lodo, como si lo estuvieran arropando con una manta. Con el paso del tiempo (¡millones de años!), la tierra y el barro se convierten en roca dura, y Thomas va quedando cada vez más y más lejos de la superficie.

Mientras que las partes blandas de Thomas se descomponen, con los huesos y los dientes sucede algo muy especial: los minerales de los sedimentos que se han acumulado sobre el cadáver se van filtrando en los huesos, en un proceso que llamamos mineralización. ¿El resultado? Los huesos de Thomas se convierten en una especie de roca que conserva la forma del hueso original.

Ahora solo falta esperar a que el esqueleto fosilizado salga a la luz. Por ejemplo, algún movimiento de los sedimentos puede acercarlo a la superficie y la erosión del terreno puede hacer que quede expuesto y alguien lo encuentre.

Bueno, al menos la gente me admirará. ¡Tampoco ha estado tan mal!

Entonces entramos en juego nosotros, los paleontólogos y, con suerte, ¡Thomas terminará en un museo!

THOMAS

¿Todavía quieres saber más sobre los dinosaurios?

Si hay algún tema que te interese y que no hayamos tratado en este libro, ponte en contacto con nosotros y resolveremos tus consultas.

Puedes hacerlo por la vía que te resulte más cómoda:

A través de nuestras **redes sociales:**

Ⓕ www.facebook.com/shackletonbooks

Ⓧ @shackletonbooks

Ⓘ @shackletonkids

Por mail: info@shackletonbooks.com

Correo postal:

Shackleton Books

Calle Torrijos, 42

08012 Barcelona

LUIS M. CHIAPPE

Reconocido paleontólogo argentino, especialista en la evolución de los dinosaurios y el origen de las aves. Entre sus descubrimientos, cuenta con el hallazgo, en 1997, de un enorme sitio de anidación de saurópodos en la Patagonia (Auca Mahuevo).

Actualmente es vicepresidente de Investigaciones y Colecciones del Museo de Historia Natural del Condado de Los Ángeles (NHMLAC). Desde 2012 supervisa los programas de investigación de más de 30 científicos y las extensas colecciones biológicas, geológicas y culturales del museo.

Doctorado en Argentina, realizó una estancia posdoctoral en el Museo Americano de Historia Natural de Nueva York tras migrar a Estados Unidos. Ha sido el paleontólogo responsable de la galardonada Sala de Dinosaurios Jane G. Pisano y responsable de la incorporación del esqueleto de saurópodo Gnatalie en el NHM Commons. También es profesor adjunto en la Universidad del Sur de California, mentor de jóvenes investigadores y asesor de la BBC.

Ha publicado más de 200 artículos científicos y es autor de varios libros de divulgación, entre ellos *Walking on Eggs*, *Glorified Dinosaurs* y *Birds of Stone*. Su labor ha sido reconocida con distinciones como la beca Guggenheim, un premio otorgado por la fundación Humboldt y su nombramiento como miembro de la Real Academia de Ciencias de España y de la Academia China de Ciencias Geológicas.

La editorial de los pequeños exploradores

En **Shackleton Kids** queremos que nuestros libros sean mucho más que libros. Escanea los códigos QR y disfruta de todo un mundo de contenido extra con el que descubrirás que aprender es la aventura más divertida.

Visita nuestro canal de YouTube y descubre cientos de divertidos vídeos educativos. Utiliza el código QR y accede directamente.

Si te ha gustado *Dinosaurios*,
descubre más títulos de la colección

Ciencia perruna & curiosidad gatuna

Si eres curioso como un gato y te gusta seguir la pista como un buen sabueso, esta colección es para ti.

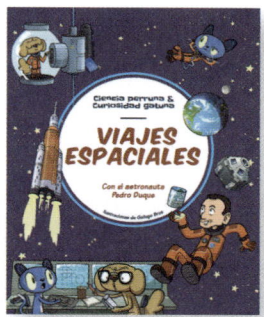
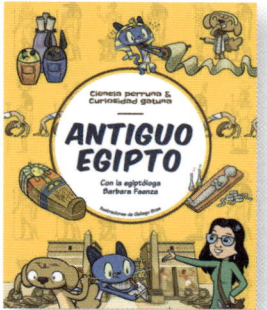

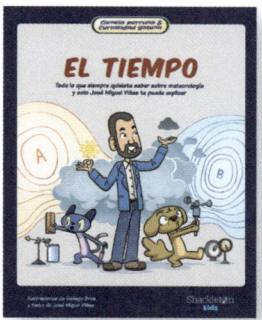

¡Y mucho más en nuestra web!

shackletonkids.com

@shackletonkids